W0061507

Cordula Scheel

UND FÜGST
EINE STUNDE
HINZU

Lyrik

Mit einem Vorwort von
Joachim Aljoschka Krebs
Nachwort von
Arno Surminski

Cordula Scheel
UND FÜGST
EINE STUNDE
HINZU
Lyrik
Mit einem Vorwort von
Joachim Aljoschka Krebs
Nachwort von Arno Surminski

Geest-Verlag, Vechta-Langförden 2019

© 2019 Geest, Vechta
Verlag: Geest-Verlag, Lange Straße 41 a,
49377 Vechta-Langförden

Druck: Geest-Verlag
Alle Rechte vorbehalten

ISBN 978-3-86685-713-1

Printed in Germany

Vorwort

Wiederkehr

Gefragt, ob Erzählung eines Geschehens seine Wirklichkeit transparent mache, Einsicht schaffe, schrieb Cordula Scheel ein überzeugtes JA (in Versalien). Für eine Lyrikerin keine Selbstverständlichkeit, die ja eigentlich zugleich im Metaphorischen arbeitet.

Was also hat es mit dem Erzählen in ihren Gedichten auf sich? Ich weiß es nicht. Mehr und mehr wurde es im Laufe der Jahre fragmentarisch, zunehmend deutlicher tauchten die Sprünge auf, manchmal von einer Strophe zur anderen, manchmal wechselte der Kontext direkt zwischen Versen. Und es war keine Äußerlichkeit, doch auch keine zutage liegende Notwendigkeit, dass das geschah.

Es muss mit einem Verstummen zu tun haben, das die Sätze mit sich tragen, mit einer Erfahrung, die nicht mehr gesagt werden kann, die aber da ist. Also mit einer Sprachlosigkeit.

Wir kennen die Wirkung des Sprachlosen im Erzählen als Auslassung besonders im Impressionismus, sein Prototyp ist der Prosadichter Herman Bang. Doch impressionistisch scheinen die Gedichte von Cordula Scheel nicht zu funktionieren, man muss das Gesagte darin nicht als Andeutung eines für immer stillen Zusammenhangs lesen, es ist genau das, was dasteht. Aber es kommuniziert nicht mit seinem Kontext, sondern teilt ihn auf, bildet vielleicht eine neue lyrische Figur.

Um das Kontrastierende einzuordnen, greift die Dichterin zum Mittel eines subjektiven Vorgangs, doch der garantiert ästhetisch noch kein komplexes Gebilde. Was erzählt die Form? Um die zu lesen, genügt vielleicht eines der Gedichte, ein herausragendes natürlich. Denn nur die besten Gedichte eines Lyrikers bürgen für seine Qualität, nie das Gros.

Ich will „Im Freien" herausgreifen. Es zeigt, denke ich, wie die gesprungenen Erinnerungen eine eigene, neue Wirklichkeit erreichen. Eine Kunstwirklichkeit, auch wenn sie vortäuscht, einfach aus einer Situation abgeschrieben zu sein. In jedem Kunstwerk ist das Täuschen des Wirklichen echt; ohne die Nähe zur Wirklichkeit würde es uns nicht zu durchdringen vermögen. Wobei diese Nähe oft im Entlegensten sich findet.

„Im Freien" beginnt mit einer Sommersuggestion und es endet mit einer solchen als Mythos. Dazwischen ist Nicht-Zusammengehöriges; doch stets als ein Nahes erlebt. Vor dem Herbst im Norden, Kraniche im Flug nach Süden, Weltkriegsschatten auf Stettin, Essenszubereitung auf einer griechischen Insel und Epidauros, von dem die Assoziationen auf und davon fliegen.

Der Hochsommer, der ermattende, war immer ein Topos europäischer Dichtung, Malerei und Musik. Cordula Scheel gelingt ein Fragment seiner Essenz, seines Zeitstillstands mit wenigem: „Hochsommer im Norden/ ein altmodisch langer Sommer/ mit Hummelgebrumm/ und Kästners Stockrosen am Zaun". Das Zitat: „mit ihren brüchig-seidenen Trachten" scheint eher überflüssig und das geschlossene Bild zu stören, wäre es nicht sublimer Übergang zum Enden, zum Aufbruch der Kraniche, die sich sammeln, deren Rufe ein Signal „des reifen Sommers" sind.

Gewiss, diese erste Strophe bezieht ihre Dichte auch von dem, was sonst über diese Stimmung in deutschsprachiger Dichtung kanonisch zu sein scheint, von Hölderlin bis zu Rilke und Benn. Doch es wird hier nicht aufgespielt, es wird „nur" mitgeteilt, auch im Wissen um seinen virtuellen Kontext. Eben diese zurückgenommene Bewusstseinsebene lässt das weiträumige Inventar zu.

Im nächsten Moment ist das Gedicht auf Zakynthos „beim griechischen Freund", eine Bemerkung, die nach Konversation klingt, tatsächlich aber für die begleitende Atmosphäre wesentlich ist; „ein Innenhof maurische Bögen/ du nimmst kleine Barsche aus/ umschwirrt von Wespen/ taub gegenüber Manolis Ratschlägen/ unwirsche Inseldickköpfe ihr beide" und unmittelbar die Essenz, wegen der das Profane gesagt wird: „zwei Welten tiefer Spuren". Eine ganze Erzählstruktur wird zerbrochen, um das Resultat des Gelebten so einfach wie möglich als Sigma zu kennzeichnen.

Direkt nach diesen Lebensspuren fängt sie die nächste Strophe ins konkrete Geschehen ein und vergisst sie: „Später der Mond auf dem Meer/ Rotwein in kleinen Gläsern/ die Wärme vibriert/ Heute Nacht kommen/ die Seeschildkröten an Land". Sie werden ihre Eier in den warmen Sand legen und sie schutzlos zurücklassen.

Auf einmal „Heisere Vogelrufe", sie erinnern unvermittelt an die Schulzeit, an Schillers berühmte Kraniche, an die zerstörte Schule, „die Nacht der verschütteten Keller in Stettin/ das verlorene Kinderbuch halb gelesen". Schon die nächste Strophe verlässt das direkte Geschehen, spiegelt auf das Gesagte zurück: „Erinnerungen – künftige Träume", und wirft doch die Frage auf: „Wer befreit die Phantome/ nährt die Geister der Luft?"

Zugleich scheint der Rand des Schlafs, des Traums selbst ein Ausweg: „Da lösen sich die Gedanken/ eingeschlafen im Äskulap-Hain/ in Epidauros' heiligem Bezirk der Götter" und nun in einer enormen Engführung, „zwischen den Steinen der alten Dormitorien/ ein Feld blauer Blumen und/ die Spuren der heilenden Schlangen."

Von denen, die Apollos unehelicher Sohn Äskulap, der Heilende, an seinem Stab trug. Und die nun ganz und gar mit der veränderten, natürlichen Poesie blauer Blumen, ein letzter Verweis, zusammengetroffen sind.

Dem Zwiespalt zwischen schwerelosem Moment und kultureller Determination weicht Cordula Scheels Lyrik ständig und glaubwürdig aus durch ein Schweigen, ein Wissen, wie es scheint auch um die Irrwege des Erzählens, mit dem wir etwas zu greifen meinen, was per se als ungreifbar auftritt, das zeichenlos Wirkliche, dessen Vergehen so viele Zeichen hinterlässt.

Joachim Aljoschka Krebs

Inhalt

Kapitel I

Die Zeit kam uns abhanden

Gemini

Siehst du vor dir den Morgen
am Meer auf Zakynthos?
Wir waren auf den Hügel hinaufgestiegen
stumm
um dem ersten Sonnenlicht
nahe zu sein
der rosenfingrigen Morgenröte
des Homer

Im Brachland dann nahe
die vor Jahren aufgebrochene
schwarze Quelle
Bitumen-Teer
schwarze Rinnsale
quollen aus der Tiefe herauf
Im weiten Umkreis versickerten
alle Spuren früheren Lebens

Wir zogen die Bilder
in unsere Tage und Nächte hinein
um den roten Faden
nicht zu verlieren

Skizze für meine Brüder

„Es geht so schnell etwas verloren"
‚flöten' sagtest du lässig
mit angehaltenem Atem
„man kommt abhanden
never mind-Chancen
fifty to fifty gehen in Ordnung"

Kleiner Bruder geliebt
aufmüpfig voller Leben anstrengend
mit fünf und fünfzehn Jahren
unbändig noch mit dreißig
tatsächlich war nichts in Ordnung
waren fifty to fifty zu wenig

„Komm morgen"
sagtest du herzlich –
obwohl du der kleinen Schwester
die abgebissenen Köpfe der Bleisoldaten
nie ganz verzeihen konntest –
„ich warte auf dich"

Lieber großer Bruder
einsam und müde geworden
hielt die Nacht dich
die Zeit kam dir abhanden
noch vor der Wintersonnenwende
gabst du dem kleinen Bruder recht

Ich sehe euch – beide Nomaden –
gemeinsam auf Reisen
damals
in einer alten Karawanserei
glücklich

Nachklang der Stimmen

Kirchenfenster spiegeln den Sommer
erzählen im Schattenriss
zur biblischen ihre eigene Geschichte
von Verwerfung Zerstörung
verwischen die Spuren nicht

Hoffnung? Viel hängt am Glauben
mehr an der Bereitschaft vieler
zu heilen was verloren scheint
Schönheit oder nur Erinnerung
Kopf oder Zahl? Jetzt

fehlt uns Alexander der Große
deine alte griechische Münze
die du hingabst als der Kirchturm
deiner Kindersommer
neu bekrönt wurde

Das kleine Goldstück
versammelt die Zeit verdichtet
Schönheit Verlust Leben
Im Schatten der Kirche
der Findling mit den Namen
die uns angehen

Abschied

Ein stilles Einverständnis
wir hatten Platz darin
inmitten deiner Feier

Vater und Tochter –
ein kleiner Abschied nur
so dachten wir
das Herz geöffnet
dem schmalen Mond
den Mythen Helden Göttern
und Dantes Purgatorium

in das dein Lachen fiel

Weiß dehnt sich der Schnee

Im Spannungsfeld des Mondes
hebt sich das Meer
beginnen die Dunkelstunden
deiner Geburt zu früh

Söhnchen

du bist gefährdet
alles wird Grenze
Zeit der Wintersonnenwende
wo wohnen die Engel?

Im Weiß der gewendeten Zeit
dehnt sich dein Lebensraum
willkommen mein Schneekind
du wirst das Meer lieben

Kleine Einladung

Im Zwielicht ruht der Garten
singt kunstvoll eine Amsel
die Nachtigall und nicht die Lerche?
Zaunkönig sitzt auf seiner Hecke
bereitet seinen Einsatz vor

Ich wünsche dich herbei
für eine kleine Atempause
der Morgen noch so jung

ach komm

19

Kapitel II

Mein Gedächtnis sammelt Licht

Dialoge

Über den Fluss hinweg
besprechen Pappeln den Tag
im Abendwind kräuseln
sich Frage und Antwort
die Leinen sind gelöst
das Land zieht davon

Beherzt gebe ich frei
was ich liebe
auch dich Liebster
du lachst leise
ich verliere dich nicht
in entlegenen Zeiten
ohne Orte und Spuren

Das Wetter schlägt um
der Wind frischt auf
ordnet die Blätter neu
Jenseits des Wassers
löst sich ein hoher Ton
ein Hütehund antwortet eifrig

Möglich noch

Heimgekehrt zu dir
der du nicht hier bist
hoffe ich dich erreicht
meine leise Stimme
die Weisen wissen
seit alters her

nein
nicht der Schrei
der Hauch reicht weit
lässt uns erzittern

Mein Heimweh
meine Bitten und Gedanken
du wirst sie aufnehmen
zuzeiten meine Trauer
mein Aufbegehren
gegen die Kapitulation

Auf dem Weg zu dir
heute die Stoppelfelder
weizenfarben
im Kohlestiftschatten

Grenzüberschreitung

Wärmere Tage
der Hund streckt sich lang
in die schmale Sonne
mein Gedächtnis sammelt Licht
helle Schafwolle verfing sich
am Stacheldraht der Weide
blaugrüne Libellen

Komm am Abend
meide die Ameisenstraßen
und ihre Verwerfungen
sie teilen die Sandkörner auf
Komm hinunter zum Strand
an der Mauer mein Fahrrad
ich warte auf dich

Perlmutt am Flutsaum
Erinnerungen liegen umher
eingedrückt bleiben die Zeichen
eingegraben vergangene Dinge
nicht geglückt sie aufzunehmen
sieh – unsere kleine Kielspur
umfängt das Meer

Auf Augenhöhe

der Honig des Sommers
die Farbe des Stoppelfelds
Spätsommerwärme –
eine Schnitzelspur der Bilder

Wie viele Schritte brauche ich
um Fuß zu fassen? Du hörst
den Klang der Dinge
lautlos unser Zwiegespräch
im Unsichtbaren das Stundenglas

Nah bist du und fern
meine Gedanken erlernen
die Einheit am Grund aller Stunden
Neben mir sitzt unser Hund
sein alter Blick ruht

Im Neumond

Der Wind nach Neumond zögert nicht
löscht deine Spuren
nicht einmal Schatten bleiben
kalt wird die Frühlingsnacht

Du bist nicht mehr!
Heut' Abend will ich nicht
die Flügel nehmen bin nicht
bereit zum Abflug stelle mich
der Trauer dem Verlust
gibt es ein Irgendwo ein Irgendwie
wo ich dich denken könnte?

Unruhe teilt mir die Sekunden zu
die Zeit zu prüfen Maß zu nehmen
an Wüste Salzsee Meer in mir
was bleibt
wenn schwer erkämpft die Disziplin
mich nicht mehr an der Leine hält
bin ich ein Hofhund an der Kette?

Bin wach geblieben weiß
wie es sich anfühlt allein
sich selber fremd zu sein
wie lange hält die eigene Identität
und wo beginnt die Freiheit
der Nacht den Rücken zuzukehren
wenn Mutters Maulwurffell

mich nicht mehr schützt und wärmt?
Abschiede werden leichter –
sagt man denn wirklich leichter? –
wenn wir die Zeichen lesen
Chiffren verstehen und deuten das Rätsel
die große Stille gelten lassen
im Aufruhr zwischen Nacht und Morgen
wenn Furcht und Trauer ohne Maß

Meinst du ich könnt' es schaffen
im Frühlingsmond jetzt aufzubrechen
stromaufwärts schwimmen ohne dich

Auf Rügen in Kubitz

Die Wieck ist trockengelegt
die Glasaale wandern nicht mehr
vom Bodden über den Deich
der Wind in den Silberpappeln
der dich morgens weckte
raschelt und raunt

Ein Sturzregen verwischt
Stralsunds Türme im Sonnenlicht
Wegsteine Geschichten
der Wasserhorizont verschluckt
die Bachfuge des jungen Organisten
heute früh in St. Marien

Nichts passt zwischen Kuckucksruf
und unsere Prise Glück
Jetzt im Frühjahr kommen
die Heringsschwärme sagst du
und fügst eine Stunde hinzu

Früh

waren die Vögel wach
als Erstes sahst du das Reetdach
geduckt darunter die Fenster
mit dem Blick nach innen
Du kehrtest zurück
im abgetragenen Soldatenmantel
an einem Stiefel fehlte die Sohle
Später kamst du nach dem Fall der Mauer

Immer sahst du dich
auf dem Schoß deiner Mutter
ihr schautet in die Dämmerung
zum Bodden hin
im Winter schliefen Hyazinthen
im Doppelfenster unter weißen Hütchen

Ich werde deine Wege gehen
in die Wasserlinie des Boddens
meine Gedanken streuen –
Es soll ein Junitag sein
ohne Trauer
der Kuckuck wird rufen
es wird lange brauchen
bis es dunkel wird

Wie immer wirst du da sein
bei den Grasnelken

Vertrauen

zeichnete dich aus du vertrautest
der Berührung von Himmel und Erde
den Gesten der Menschen der Liebe
geschützt wider alle Vernunft
selbst vor Wasserbomben und Tod

als in der Nacht bei den Fischen
im gesunkenen U Boot doch
noch der Motor ansprang
bliebst du im Urvertrauen geborgen
über deine Jugend hinaus

lebtest du diese stille Stärke
auch an jenem Nachmittag
hast du den Tod umsonnen
als ob er eine Farbe wäre
die Essenz von Himmel und Meer

Kennst du das auch?

Das Wüten um Verlorenes
längst akzeptiert gewiss
es endet jede Spanne Zeit
wenn das Gepäck schon aufgenommen
und fremd vertraute Räume trotzdem
die Tiefe des Verlustes packt mich
ich wüte hadere

wohltemperiert schon viel zu lange
ich will den Seeblick wieder
das Frühstück mit den Wespen
auf der Terrasse in der Sonne
ich will nicht friedlich sein
nein klagen will ich
auf das Vergessen pfeifen

will endlich durch den hellen Spalt
am Horizont Vergangenes zurück
ins Leben ziehen ein Zeichen wäre gut
ein kleines Wunder nur
will nicht dass mein Verlust zerfällt
in einen Alltag milder Tage Wochen
ich schreie wüte

Kapitel III

Wo Gestern, Heute und Morgen durchsichtig werden

1. Kalypso

2. Cleto, was siehst du?

3. Kassandra

4. Rumi

5. Im versteinerten Wald

Kalypso

Auf dieser Insel
wo Gestern Heute Morgen
durchsichtig werden
seufzt du im Schlaf Geliebter
kaum sprichst du noch mit mir
verloren meine Liebe wehrlos
durch den Beschluss der Götter

Du hast gebüßt geliebt
nun kehrst du heim zu Frau und Sohn
die Winde fleh' ich an das Meer
dich sicher zu geleiten –
du löst die Taue
ohne Blick zurück
es öffnet sich der Raum

Das Gras die Steine um mich her
bewahren deinen Abdruck
die Zeit wiegt anders
wie bei Toten
allein bin ich mit meinen Bildern
die Sonnenflecken auf dem Meer
zersplittern unsre Liebe

Schon lange her – sehr lange
und war doch gestern erst
ein Licht aus Worten und Erinnerung
sag' welche Farbe nimmt die Liebe an
wenn Tage dunkler werden?
Hoch aufgerichtet sah ich dich zuletzt
und ohne Gruß Odysseus
Nicht gegen Götter habe ich verloren

Cleto was siehst du?

Regen schraffiert mit hartem Strich Troja
den Wachen entkommen trägst du
auf den Armen die Königin der Amazonen
Penthesilea die Herrliche
Achill zum Opfer gefallen ihrer Liebe
birgst du sie vor feindlichen Blicken
sanft legst du sie in dein leichtes Boot

Cleto was siehst du? Die Augen
der nächtlichen Lichter erzählen
von eurer Flucht als Äolus' Winde
dein Boot auf die Felsen jagen
an Tyrrheniens Küste bettest du
dein geliebtes Kind im schroffen Fels
schiffbrüchig doch dem Himmel nahe

Mögen die Steine eure Stille bewahren
die Stimmen der Schatten leise werden
Als Amme lehrtest du Stolz Penthesilea
nun hieß Artemis dich überleben um
ihren Tod zu bewachen im rötlichen Licht
zu Ende gehender Tage und Nächte
Cleto siehst du die springenden Delfine?

Kassandra

Im Morgennebel
find' ich dich Kassandra
du bist allein nur noch
im Hause deiner Ahnen
Sie fliehen dich
du siehst den Tod

schreist ihn hinaus
verflucht bist du
zur Schau der Zukunft
musst wehrlos sie erleiden
dein Leben lang
gestraft unsäglich

Rumi „Traumbild des Herzens"
Eine Begegnung

Im Sonnenstäubchen
siehst du der Welt Geheimnis tanzen
mit Worten nicht zu sagen
schenkt Rumi nicht allein die Rose
dem Liebenden
schenkt gleich den ganzen Garten

Des Herzens ganzes Innen
und alles Außen
gehört dem Du allein

In Worte nicht zu fassen
ist dieser Welt Geheimnis
im Mond dem großen Himmelsrad
O Stille – leise leise
Die Liebe nur ein Wort?
Sie lügen

Im versteinerten Wald

Ihr schwarzen Bäume
aus prähistorischer Zeit
stumme Zeugen ersten Lebens
kein Echo fing euer Sterben auf
als die Sonne die Schatten einsammelte
ihr erstarrtet
im Feuer zu Stein wurdet
in der Finsternis begraben

Kein Anfang ist euer
keine Zukunft
aber
die Vögel werden bleiben und singen

Kapitel IV

Als sich die Erde den Himmel erschlich

1. Flüchtig

2. Milch

3. Steine setzen

4. Verpfändet unsere Zukunft

5. Schatten lasten

6. Welches Maß

Flüchtig

Wer weiß den noch offenen Weg
unter vielen?
Du flohst vor den mordenden Horden
gehst fremd mit dir selbst
daheim nicht mehr
in der eigenen Haut

Du lauschst
mit offenem Mund
in das Unlicht des Mondes
hier geht kein Himmel mehr
ein und aus
niemand ruft dich mit Namen

Milch

Das Foto hat sie eingefangen
die Bündel Not
ohne Namen an Zäunen und Mauern

Mit dem Erschrecken
das wieder beginnt

das Leben
die Zeit im Ortlosen

die Versuche die Wörter

Wo die Erde sich den Himmel erschlich

verloren
die Hausecke morgens beim Milchholen

Steine setzen

Verzweifelt
lassen sie alles zurück
im Fluchtgepäck ihre Geschichte
die Schatten ihrer Gräber
den abendlichen Sommerwind
Todesangst Gewalt und Wahn

Wir
arbeiten auf bebendem Feld
die Verunglimpfung
das Geschrei der Hass
wir stehen auf
ein Hund verbellt die Vogelscheuche

Versprechen? Nicht eingelöst
Uns bleibt jetzt die Hand behutsam
auszustrecken Steine zu sammeln
zum Bauen nicht zum Erschlagen
sie kommen langsam hervor
wir sind noch lange nicht fertig

Auf den Bergen die neuen Häuser
schauen weit
setzen Lebenszeichen
wo Horizonte sich erahnen
die Abendwinde nahe sind und rauschen
die Erinnerungen Regen trinken

Verpfändet unsere Zukunft

an skrupellose Mächte Gewalt
brüllt sie nieder Völker und Erdteile
wir dichten den Zaun ab
gießen die Blumen
wissen nicht weiter

Hilft eine Seherin
aus mythischer Zeit?

An Kassandra halten wir uns
ihr Wort reichte weit
doch rückwärts gewandt
im Nebel spiegelt ihr Schiff
den Untergang

Nein
wir wollen leben

mit unserem Blut
die Geschichte der Menschheit
nicht weiterschreiben
wir sind die Drachensaat leid
du und ich wir sind viele

und wenn nicht zueinander
wohin sollten wir gehen?

Schatten lasten

1943 Hamburg St. Georg Dreieinigkeitskirche

2016 Nizza Quai und Promenade des Anglais

Sankt Georg vor der Kirche schrille Farben
Bugplatten zerbombter Schiffe
am Ende der alten Via Dolorosa
geborgen aus dem Feuersturm 43
der eiserne Jesus geschwärzt am Kreuz

Im Kirchenschiff Christus aus Holz
die Arme vom Kreuz gelöst bereit
sein gefährdetes Viertel zu segnen
Sankt Georg am Wasser und
im Herzen der Stadt

Zurückgezogen die Liebe
in leichte Raumlosigkeit
Durchgänge Botschaften Bilder
ein Ritter ein Drache ein Pferd
Träume an Land gegangen

Gereist nach Nizza zum Quai des Anglais
Pferdchen Drachen Löwen
das doppelstöckige Carrousel
und dann und wann **kein** *weißer Elefant*

2016 Träume und Leichtigkeit zerstört
Quai und Promenade des Anglais
für immer zur Todesroute geworden
am 14. Juli die Toten die Sterbenden Schreie

Welches Maß

soll gelten
es ist nicht mehr in den Dingen
sie verlieren ihren Namen
die Zeit tut etwas
mit der sichtbaren Welt
verkürzt beschleunigt
was früher sich dehnte
woran sollen wir uns halten?

Die Zeit ein Brandzeichen
in mir
ich will es erproben
der Zeit ihren Preis zahlen
sie geht in langen Schritten
über die Dunkelheit hinweg
ich suche den unbefestigten Weg
brauche Wegerecht
und einen Streifen Licht
die Schatten zu befrieden

Unter den Windmühlen
Wasser als Wegzehrung
eine Quelle ein Brunnen
Erst nachts wieder
erhoffe ich
ein gerüttelt Maß
Zeit die mich wendet
Ungewiss alle Vorhersagen

Kapitel V

Die Vogelrufe verlieren sich in uns

1. Abrupt
2. Pfingstlich
3. Erst gestern
4. Frühnebel
5. Verlässlich
6. Fieberatem
7. Die Spur
8. Raum bleibt
9. Erwartung
10. Lichtsaat

Abrupt

muss ich fort hinaus
aus dem Getöse
der blendend Unterhaltenen
die beieinander Schlange stehen

muss die Schrift erkennen
die ich ausleuchte
an der Einfallstraße wenn
kein Mensch in Sicht

Einen Wimpernschlag lang
vornübergebeugt in der Wärme
des Alleinseins erfahre ich meine Wahrheit
dort wo die Straße vorüberzieht

öffnet sich der Zwischenraum
finde ich zurück an meinen Platz
zwischen Häusern und Begegnungen
tausche ich Gegenwart in Zukunft

Pfingstlich

Es atmet diese Stunde
in der die Nacht heranwächst
die Luft erfüllt ist vom Geruch der Erde

Der Frühlingswind hat Zeit
für Blätter vom vergangenen Jahr
treibt die Gedanken vor sich her

Wann wünschten wir uns Flügel?
Ich suche dich in dieser Nacht
der Mond steigt neben mir empor

Dann unvermittelt Fliederduft
Pfingsten –
Zeit der Wunder

Erst gestern

Fontänen steigen auf
fallen steigen vergehen
die Farben der Wasserorgel
die Musik der runde Mond
das große Spektrum des Traums

Nichts steht infrage
schon gar nicht sein Glück
der kleine Junge vor uns
immerfort rennt er hüpft
muss sich vergewissern

Schattenriss der Bäume
die Vogelrufe
verlieren sich in uns
im still gewordenen Wasser
die Kiesel

Frühnebel

Wieder dieses besondere Licht
nach dem du dich sehnst
schon morgen

unter Wasser geholt locken
das Ufer die Bäume der See
zweimal gemischt das Spiel

mag auch die Spieglung verschwimmen
wisse das Bild –
   erst in dem Doppelbereich ...

Herzbube im Boot nutzt die Stunde
im Schattenriss sein Netz
er fängt uns alle

Verlässlich

die Wege im Stadtpark
die große Wiese am Abend
die Nissenhütten als Notquartier
für die Ausgebombten 43
Brandgeruch haftet lange

Heute am Rand geordnet
die Ulmen in hellem Laub
im Gehölz gegenüber
das kleine Labyrinth führt
uns zur Mitte führt zurück

Der Freibadlärm verstummt
träumen wir die Nacht
träumen die Schatten uns?
Öffnet sich das Namenlose
wenn wir nicht wachen?

Ich lehne mich in deinen Arm
verlässlich nah dein Atem
fern das Geräusch der Bahn

Fieberatem

ein Spuk schleift sie mit
Farben und Laute fremd
der Atem des Glasbläsers
geht durch sie hindurch
dehnt und rundet die Form
die Haut empfindlich
zwischen ihr und dem Leben

Dunkelheit füllt das Fenster
wird den Weg finden
Grenzen verschieben
sie kann sich nicht wehren
in ihr brennt ein Feuer
der Atem verwaist
was wäre wenn?

Vermummt ein Traumbild
etwas rollt auf sie zu
sie weiß nicht warum
weiß nur, es gehört zu ihr
eine Glasmurmel blitzt auf
darin ein Himmel ein Fluss
nun in ihr

Die Spur

Das Meer geht an Land
angespült die Sonnenkugel
flammend rot
Grenzgänger eine kleine Zeit

Nachts bei Ebbe
das Windgesicht der Sandbank
Irrgärten der Imagination
geheime Straßen
Blindenschrift
mit Händen und Füßen zu ertasten

Über die eigene Haut hinaus
das sich dehnende All
die Zeit
Ebbe und Flut
wieder und wieder
die Spuren

Raum bleibt

Wolken und Wellen
flirrende Aufbrüche
Formen so dicht so nah
Reflexe wandern über Bilder
etwas gelingt
schöner als zuvor
Möglichkeiten
ausgesetzt in Ebbe und Flut

Wir bleiben –
nachts das Glück
der weiten Küsten
Sterne Zeichen
nicht gedeutet
die Vielfalt der Stille.
Weihnachten
denkbar das Undenkbare

Erwartung

Der Dezember neigt sich
spitz sein Winkel zur Erde
das Jahr will sich häuten
Leben bleibt ungewiss
im Übergang zum Licht

Etwas kündigt sich an
die Dimension unbeweisbar
dabei entschlüsselten wir
längst die alten Geschichten
weihnachtlich verpackt

Winterfest wünschen wir
den Glanz des Versprechens
spähen in die Augen
der Neugeborenen
ins Blau ihrer Tiefe

während es draußen zu schneien beginnt

Lichtsaat

Schlüsselkinder wir alle
du und ich ausgesetzt
ins Leben
verborgen der Schlüssel

verloren

Dieses Mal wird es gelingen
sie heimzubringen
im Innern der Hand
die Lichternte blind

ihn hinaufzutragen
den goldenen Apfel
in den offenen Vorhof
weiter
nur ein wenig weiter noch

einen kosmischen Atemzug lang
leuchtet der Schlüssel
in uns
das Mysterium

Kapitel VI

Aufgefädelt in der Luft

Streiflichter

Letzte Kindertage mit Cousine und Bruder
1944 - 1945 nördlich von Berlin bei den Großeltern
auf dem Land, geschützt vor den Bomben

Gut Schenkenberg in der Uckermark.
Unterwegs mit der Lieblingscousine.
Die Landschaft, ein Garten, ein Tor ins Gelände,
es ist Herbst, wir laufen zum Mohnfeld,
öffnen Kapseln, essen die Samen,
schütten uns aus vor Lachen
mit unseren neun Jahren. Glücklich.
An Feldrändern wilder Hafer,
Kamille, Hirtentäschelkraut, Spitzwegerich,
Kornblumen, federleichter roter Mohn.

Prinz, der Hofhund, mit Kette und Hundehütte,
Rolf, der Jagdhund, wacht nachts im Flur.
Das Vieh natürlich, Schafe, Pferde,
auf ungelenken Beinen Zenzi, das Fohlen.
Kühe, Schiefertäfelchen über ihrem Platz
im Stall mit Namen wie Liese, Paula, Alma.
Hühner, sie stürzen sich auf die Maikäfer,
die wir ihnen in großen Milchkannen hinschütten,
dafür gibt es schulfrei in der Dorfschule.
Auch für Kartoffelkäfer, gelb-schwarz gestreift.
Die Hühner sehen nichts mehr von ihnen,
Schluss, die Eier schmecken penetrant nach Käfer.
Schweine, wir mögen ihre gedämpften Kartoffeln,
gucken, ob die Ferkel gewachsen sind.

Im Herbst wird geschlachtet, Kinder stören.
Zur Hilfe kommen die Dorffrauen, wie immer.
Auf Stühlen vor der Gutsküche draußen
rupfen sie Enten und Gänse, die Federn fliegen
für Kissen, Plumeaus und Federbetten.

Die Zeit gehört uns im Spätsommer 44, ganz.
So wird es weitergehen. Fast eine Zukunft
im Schatten der Tieflieger.

Der Krieg, wird gemunkelt, geht zu Ende.
Schrecken erzählt hinter vorgehaltener Hand,
im Schlaf wacht die Angst. In den Träumen.
Tagsüber kegeln wir Blumentöpfe den Abhang hinab,
beruhigen uns: „Es kommen ja doch die Russen."

Es gibt noch unsere Kaninchen, ihr weiches Fell,
wie viel Löwenzahn können die eigentlich fressen?
Weizen ist für sie zu stibitzen vom Kornboden.
Unsere Kletterbäume, die gestutzte Kastanienallee,
oben das Tempelchen mit unseren Schnecken.
Am Park die Kirche, die Predigt viel zu lang,
unsere Plätze vorne, wir können nicht weg.

Zum Essen pünktlich mit gewaschenen Händen,
Schularbeiten, die neue Landkarte muss ins Heft.
Anita, die Freundin aus Berlin, ist schlau,
sie paust sie durch mit Butterbrotpapier.
Ganz einfach entsteht das neue Ostland mit Posen,
Danzig, Zoppot, auf der Ostsee ein Fettfleck.
Mehr kann man nicht verlangen.

Der große Bruder ist fast erwachsen,
er fährt mit der Kreisbahn ins Gymnasium,
er kann Kaninchen schlachten,
im Park Dynamit explodieren lassen
und jede Fliege im Pferdestall fangen,
er hat ein Luftgewehr für die Spatzen.
Mein großer Bruder zündelt gern.
Auch hinter der Tür auf dem Parkett,
aber er passt auf. Die Streichhölzer hole ich
im Kolonialwarenladen bei Frau Neumann.
Ich bin unverfänglich. Ein neues Wort.

Mein Bruder ist 16 Jahre alt, Arzt will er werden,
er rasiert schon mal Teddys Bauch.
Er ist alt genug für den Volkssturm, kriegswichtig!
Er hebt Gräben aus bei eisigem Wetter,
baut Panzersperren mit Stacheldrahtrollen,
er wird mit der Panzerfaust im Erdloch hocken,
die heranrollenden Panzer in die Luft sprengen.

Durchbruch der Russen bei den Seelower Höhen.
In der Kaserne Aufbruch zum Einsatz an die Front.
Da hat ein hoher Offizier ein Herz für die Jungen:
„Verschwindet nach Hause, Kinder!" Mein Bruder
kommt zurück, ist ein Held, wird entwanzt, entlaust,
maßlos bewundert. Ein paar Flöhe bleiben für uns.
Von der nahen Front das Donnern der Kanonen.
Es wird furchtbar werden, so viel Hass.
Das Dorf will gemeinsam flüchten, längst wäre es Zeit,
der Treck, geführt vom Sohn der Großeltern, steht bereit,
Pferde und hoch beladene Wagen, Teppiche als Schutz,
doch immer noch fehlt die Erlaubnis zum Trecken.
Wer trotzdem fährt, wird erschossen. Wehrkraftzersetzung.

Ich lerne ein neues Wort, dieses klingt schrecklich.
Im April endlich darf die Wagenkolonne aufbrechen,
schwerfällig geht es voran, man trifft auf die Trecks
der umliegenden Dörfer, auf Nachbarn und Freunde.

Viel später erzählen sie vom Horror dieser Tage,
von flüchtenden deutschen Soldaten in Todesangst,
von zusammengebrochenen Pferden,
von Rad- und Deichselbrüchen. Vom Liegenbleiben.
Auf verstopften Straßen überrollt von den Russen,
ihren Panzern, Geschützen, dem ganzen Tross.
Die fordern die Straße für sich. Am Straßenrand,
in den Gräben die Trecks ohne Ausweichmöglichkeiten.
Wer stirbt, findet im hart gefrorenen Boden kein Grab.
Gewalt, Hunger, Durst und Kälte. Bewahrt die Kinder.

Wir entgehen diesem Unheil, dürfen per Bahn reisen.
Unsere Mütter brechen auf im Februar gen Westen,
nach zwei Tagen auf dem Bahnhof ergattern sie Plätze
im überfüllten Zug, fremde Arme reichen uns hinein.
Tagelang unterwegs, von Tieffliegern beschossen,
essen wir dicht gedrängt Kaninchenschmalz
aus Blechdosen mit dem Aufdruck Siedentopf-Kaffee,
löffeln dankbar staubiges Kakaopulver.

Mein Bruder liest, kratzt seine Wanzenstiche,
unsere Mütter schweigen. Wir Mädchen
langweilen uns, gelangen zum Lokführer,
singen ihm vor, lauthals und stolz.
„Abwaschlieder" der Mädchen aus der Gutsküche:
Horch, was kommt von draußen rein;
Ein Schuster aus Treuenbritzen;
Mariechen saß weinend im Garten,
im Grase da schlummert ihr Kind;

Wir kennen noch viel mehr, wenn gewünscht.

Eines Abends Ankunft in Mecklenburg,
die Kleinstadt im Dunkeln, kein Bombenalarm.
Auf dem Bahnhof wärmende Suppe,
Heißgetränke und Brot. Zu Fuß zur Schule.
In der zugigen Turnhalle ein großes Strohlager.
Nur eine Decke reicht nicht. Sei dankbar.
Hunger und Durst haben sieben Leben.

Die Toiletten draußen, einer geht immer.
Nachtgeräusche erschrecken, Rascheln,
Stöhnen, Weinen, abgehacktes Schnarchen.
Dicht bei mir tröstlich meine Cousine,
wir hören unsere Herzen schlagen.
Das hilft gegen Angst und Kälte.
Ein wenig auch gegen das Heimweh.
Schläfst du schon?

Ronda im Mai 1955

Zugeschneit der Pass Malaga – Sevilla
zischend
lässt die Lokomotive Dampf ab
eine gewaltige Stille breitet sich aus
in den Bergen um Ronda
tief liegt die Schneewand ohne Stimme

Die Gleise leiten zum Bahnhäuschen
Tische Holzbänke ein Stuhl
der einzige Raum gehört den Familien
dem lockigen Schuhputzer
aus der vierten Klasse
der Alten mit der störrischen Ziege
Hühnern und Enten befreit aus Körben

Brot und Wein für alle
Lachen Gesprächsfetzen fliegen
nehmen sie fraglos mit
die junge Deutsche
weiß um die Narben des Krieges
sie lässt sich verhexen um Mitternacht
geht nicht verloren

Leise stellt sie sich an die Tür öffnet
Windwolken treiben den Mond
ohne Gefolge
aus Rilkes weißer Stadt
bis hinter den Schlagbaum
dort wo das Lied beginnt
dieser schneeglitzernden Nacht

Uckermark zwischenzeitlich

Bei den Kopfweiden die Kapelle
brombeerüberrankt
verschrumpelte Kastanien
in diesem November
und Vogelstimmen
aufgefädelt in der Luft

Schatten in der Kapelle
der Taufengel kaum wiedergefunden
gefährdet in seiner Einsamkeit
ungedeutet der Rauch
der Opferkerzen
seit Zeiten

Im Schlaf wieder in der Kapelle
Saint Julien Le Pauvre
baufällig
im Paris der Nachkriegszeit
Vor dem Allerheiligsten
bewegt sich der Vorhang
ein Luftzug
raubt mir den Atem

Schritte

Noch lange nicht angekommen
habe ich nichts bewegt
als sei die Welt in Ordnung
Vögel zeichnen Spuren voraus
dicht über der Oberfläche
der Schwerkraft verhaftet

Erinnerungen langer Tage
gegen den Verdacht
das Leben sei sinnlos
Düfte der Kindheit
der Teergeruch am Bootssteg
im Gutspark am See
ruft Blumen und Tiere auf
vergessene Götter mit Hundeohren

Grillen vermessen den Tag
als wir aufsteigen zum Museum
in den Bergen über Nizza
um Picasso zu sehen
Mirós Sonne und Mond am Wasser
Calders Mobile im Wind

Zu dicht am Abgrund die Linie
zwischen Traum und Wachen
die Flut des Dunklen steigt
der braune Schlamm
die Nacht bleibt ohne Horizont
auf unruhigem Wasserspiegel
durchschaut vom Mond
erinnerungsschwer die Schatten

Beim Glockenschlag hab' acht auf dich
so geht de Vegas Wächterlied
ich hab' die Worte nicht bedacht
verirrt im Glockenklang verlor ich mich
im aufgewühlten Wasser fast versunken

Nun habe ich weit zu gehen
folge den Spuren in den Lüften
gedeutet von Priestern in alter Zeit
und bin doch ohne das Geheimnis
der Zugvogelschwärme

Im Freien

Hochsommer im Norden
ein altmodisch langer Sommer
mit Hummelgebrumm
und Kästners Stockrosen am Zaun
in ihren brüchig-seidnen Trachten
Kraniche sammelten sich zum Aufbruch
ihre Rufe ein Signal des reifen Sommers

Auf Zakynthos beim griechischen Freund
ein Innenhof maurische Bögen
du nimmst kleine Barsche aus
umschwirrt von Wespen
taub gegenüber Manolis Ratschlägen
unwirsche Inseldickköpfe ihr beide
zwei Welten tiefer Spuren

Später der Mond auf dem Meer
Rotwein in kleinen Gläsern
die Wärme vibriert
Heute Nacht kommen
die Seeschildkröten an Land
sagt der Freund
verbergen ihre Eier im warmen Sand
verlassen die gefährdeten

Heisere Vogelrufe –
die Kraniche des Ibikus?
Schillers Ballade wird gegenwärtig
die zerstörte Schule
die Nacht der verschütteten Keller in Stettin
das verlorene Kinderbuch halb gelesen

Erinnerungen – künftige Träume
Wer befreit die Phantome
nährt die Geister der Luft?

Da lösen sich die Gedanken
eingeschlafen im Äskulap-Hain
in Epidauros' heiligem Bezirk der Götter
zwischen den Steinen der alten Dormitorien
ein Feld blauer Blumen und
die Spuren der heilenden Schlangen

Anhang

Was bleibt?

Erst Wochen später, wenn wir uns der gelesenen Gedichte erinnern, erkennen wir ihren wahren Wert. Bei Cordula Scheels Lyrikband sind es viele Worte, die im Gedächtnis des Lesers haften geblieben sind. Natürlich sind es die Begegnungen mit der Natur:
„Das Meer geht an Land, angespült die Sonnenkugel ..."
„Über den Fluss hinweg besprechen Pappeln den Tag."

In Erinnerung geblieben sind auch die Ausflüge in die griechische Geschichte mit Kalypso und Kassandra oder die Schrecken der Bombennächte in Stettin. Eine Besonderheit sind die Schilderungen des Kriegsendes 1944/45: Bomben, Feuer, Flucht sind schon viel beschrieben worden, aber noch nie so eindringlich in lyrischer Form wie in diesem Buch.

Arno Surminski

Danksagung

Im Laufe vieler Jahre bin ich besonderen Menschen begegnet, die mir Augen und Ohren geöffnet haben für die Poesie.
Ihnen danke ich von Herzen, in memoriam
vor allen anderen Dora Beth-Marra.
Sie ließ mich ein in ihr Land. *Il filo non si è interrotto.*

La poesia non è fatta per nessuno, non per gli altri e nemmeno per chi la scrive... Sta come una pietra o un granello di sabbia.
Eugenio Montale „Diario del 72"

Die Poesie ist für niemanden gemacht. Nicht für die anderen und auch nicht für denjenigen, der sie schreibt.
Sie ist da wie ein Stein oder ein Sandkorn.

Anmerkungen

1. *Die Liebe nur ein Wort? Sie lügen* In: Traumbild des
   Herzens, Dschalaluddin Rumi (1207-1273), Deutsch von
   Johann Christoph Bürgel

2. *Und die Vögel werden bleiben und singen* In: Die
   endgültige Reise, Juan Ramón Jimenez, Deutsch von
   Hans Leopold Davi

3. *Es war die Nachtigall und nicht die Lerche* in: Romeo und
   Julia, William Shakespeare

4. *Mag auch die Spieglung im Teich/ oft uns verschwimmen:/
   Wisse das Bild. –/ Erst in dem Doppelbereich/ werden die
   Stimmen/ ewig und mild.*
   In: Die Sonette an Orpheus, Rainer Maria Rilke

5. *in ihren brüchig-seidnen Trachten* In: Die dreizehn
   Monate, Der August, Erich Kästner

6. *Il filo non si è interrotto.* In: La morte non è niente,
   Augustinus (354 - 430)

Inhaltsverzeichnis

Cordula Scheel -Biografisches

wurde geprägt durch ihre geistig aufgeschlossene Familie und die Landschaften, in denen sie aufwuchs. Geboren 1935 in Mecklenburg nahe Lübeck, in Kriegszeiten Umzug nach Stettin. Dort Schulbeginn mit weißer Schürze, Schiefertafel und Sütterlinschrift. Wegen verstärkter Luftangriffe eva-kuiert aufs Land. Dorfschulen auf Gütern in der Uckermark, in Polen nahe Danzig (damals sog. „Ostland"), zurück in Mecklenburg, unweit der Ostsee. 1945 mit einem Rucksack Flüchtling in einer schleswig-holsteinischen Kleinstadt mit den Eltern und 2 Brüdern. Seit 1950 in Hamburg zu Hause.
Abitur 1954, Jurastudium und Sprachen in Hamburg, Tübingen und im Ausland. Berufstätigkeit, Liebe, Ehe, zwei Kinder, drei Enkelkinder. Schicksalsschläge und glückliche Fügungen hielten sich die Waage. Einige führten zu langen Freundschaften, eine zum Geest-Verlag.

Veröffentlichungen - Gedichte
Denn ich wage das Wort (1995), Öffnung (1997), Gezeichnet (2001), Wegsteine (2006), Am Rande der Lichtung (2011), Und fügst eine Stunde hinzu (2019).

Mitglied der Hamburger Autorenvereinigung, Ehrenmit-glied der Interessengemeinschaft deutschsprachiger Auto-ren (IGdA), Ehrenmitglied des Istituto Italiano, Hamburg. Einige Preise.